家庭和学校的无障碍环境改造

[美] 维克·布伦南
弗洛·派克
丹尼斯·洛利 著
周 蔺 译

中国盲文出版社

图书在版编目（CIP）数据

家庭和学校的无障碍环境改造：大字版 /（美）维克·布伦南，（美）弗洛·派克，（美）丹尼斯·洛利著；周蔺译．—北京：中国盲文出版社，2022.12

ISBN 978-7-5224-1182-8

Ⅰ．①家… Ⅱ．①维… ②弗… ③丹… ④周… Ⅲ．①视觉障碍—儿童教育—居住环境—研究 Ⅳ．① G761

中国版本图书馆 CIP 数据核字（2022）第 22343 号

家庭和学校的无障碍环境改造

策划编辑：张　倩
责任编辑：郭　纯
出版发行：中国盲文出版社
社　　址：北京市西城区太平街甲 6 号
邮政编码：100050
印　　刷：东港股份有限公司
经　　销：新华书店
开　　本：710 × 1000　1/16
字　　数：10 千字
印　　张：3.5
版　　次：2022 年 12 月第 1 版　2022 年 12 月第 1 次印刷
书　　号：ISBN 978-7-5224-1182-8 / G365
定　　价：25.00 元
编辑热线：（010）83190272
销售服务热线：（010）83190520

目 CONTENTS 录

3 家庭生活和教育中室内活动的注意事项

4 户外活动的注意事项

5 将低视力建议融入孩子的交流中

1. 导 语

本手册针对有双重感官障碍和其他身体限制的儿童，专门为其父母和老师设计。本手册提供实用性强、成本低廉且易于实施的建议，使环境的可视化程度提高，以此来增强孩子学习的主动性。

孩子所处的环境——包括家庭、学校和社区——决定了孩子在多大程度上能够利用他（她）的残余视力去“看见”。父母、老师和医生通常认为，

除了借助于眼镜、光学设备或医疗手段，基本没有其他办法来提高孩子的视觉使用能力了。有多种障碍的孩子的身体需求，以及身边其他孩子的需求，可能会让家长或老师不堪重负，以至于无力对家庭或教室进行简单的改造。观察发现，运用视觉障碍和视力作用机制的相关知识对环境进行改造的实验，大大提高了儿童对视觉功能的使用。

两个同样有视觉障碍的孩子绝不会以同样的方式看世界。一个孩子在特定情境下能看到多少？为什么一个孩子比另一个孩子看得更清楚？这取决于许多因素。

最突出的因素是视力的分型，以及不同分型对视力和视野、颜色接收、眼球运动和其他视觉功能的影响。孩子的认知能力、心理构成、动机水平、社会关系和支持系统，决定他（她）如何接受视力障碍及其带来的挑战。环境因素在孩子的视觉表现方面同样影响重大，但它们往往被忽视或无视。

通过调节照明、色彩、对比度，或者目标物大小、距离和显示时长来达到适应性需求，成本低廉并且易于实现。父母和老师可以创造一个环境或场景，为孩子提供获得成功视觉体验的机会，并鼓励他们使用残余视力。

照明

灯光的数量、类型、方向和位置对孩子的视觉表现至关重要。有些孩子对光敏感，可能会因过亮的、直射的光线或眩光而感到疼痛和不适。而另一部分孩子则需要提高亮度才能看得更清楚。

需要认真观察孩子在不同照明条件下的表现，并测试各种光源。鹅颈灯可以对准目标、调节照明角度以避免眩光。有变阻器控制的台灯可以改变亮度，光源和工作台面之间的距离也决定其亮度大小。许多视力障碍儿童更喜欢白炽灯照明或没有蓝光的荧光灯。与孩子一起学习，帮助他（她）独立调节光源的照明角度。应尽可能使用自然光并避免直面光源。

颜色和对比度

让孩子看得更清楚的另一种方法是提高目标物与其背景之间的对比度，

并尽量减少目标物周围的其他物品的数量。视力低下的孩子需要放大物体及其背景的区分度才能看清。黑色和白色有最大的对比度，但对于个别孩子来说，其他色彩组合也可能效果更佳。在评估色彩对比度时，可尝试对目标物的颜色、大小以及光源进行多种组合。必要时可以对工作台面（如桌子、办公桌、工作台或台面）的色彩进行改造。可以使用凸纹纸、毛毡、有色卡纸、餐垫和餐盘等实用品完成改造。为进一步强化对比度，对放置目标物的背景也要尝试改变颜色。放置物品的表面要尽量简洁，避免花哨。

大小和距离

当部分视力丧失后，孩子可能会觉得物体太小而看不见或看不清。需要把该物体的图像变得更大，以便孩子更清楚地看到物体。这可以通过多种方式实现，如靠近物体可能会使物体更明显（比如让孩子靠近黑板或电视）。另一种办法是让目标对象或目标物体变大（例如：使用较大的字体，或者把材料放大）。老花镜、闭路电视助视器、望远镜、立式和手持放大镜等光学仪器都可以用来放大物体的图像，但每种光学设备都有自己的不足。

儿童应在眼科医生做出视力偏低的评估之后，再来确定使用哪种光学仪器。

时 间

儿童行为的准确性和速度会随着视力的进行性丧失而降低。视觉功能的这一方面经常被忽视。对于视障儿童来说，识别、认出然后对物体采取行动需要更多的时间，这对于有多种障碍的儿童来说，可能尤其困难和耗时。此外，使用视力的生理需求可能会导致眼睛疲劳，降低孩子的速度、准确性和注意力。他们可能难以识别快速呈现或正在移动的物体和动作。

视障儿童可能需要更多时间来定位和辨别物体。应逐渐增加视觉活动的时间长度，以避免眼睛疲劳。

2. 与视障儿童和多重障碍儿童一起学习的注意事项

● 使用多感官学习法，包括尽可能使用视觉、听觉和触觉来学习。

● 与其把物体放在孩子的手里，不如让学生看着物体，伸手去拿，去探索它。

● 应避免对有癫痫发作史的儿童使用频闪的灯光。

● 有严重运动障碍的儿童进行视觉活动之前，与物理治疗师或职业治疗师一起确定儿童的最佳体位。

- 为容易分心的孩子控制教学环境，应评估现场的听觉、嗅觉、视觉刺激物的温度和干燥度。

- 由于反应能力、药物、疾病或视力受限的关系，部分儿童对视觉刺激的反应可能非常缓慢，应留出充足的时间让其做出反应。

- 孩子对视觉刺激的反应可能很细微，注意他（她）的其他反应，例如惊吓，转头躲避，睁大眼睛，眨眼，身体活动增加或减少，呼吸或面部表情发生变化等。

- 利用孩子日常生活中的机会尽可能多提供视觉体验。应该全天使用功能性视力，而不仅仅是在特定活动中。

- 请牢记部分孩子对光非常敏感，而另一部分孩子需要额外的光线才能看得清楚。

- 疾病、癫痫发作、药物和疲劳会降低孩子的注意力和视觉反应时间。孩子在某天或一天中的某些时间可能比在另一天看得更清楚。

- 使用紫外线或“黑光”进行视力刺激活动时需要特别小心。建议学生和教师在使用这些灯具时佩戴具有紫外线防护功能的镜片。

- 在家里将孩子安置在一个合适的位置，方便他（她）近距离观察和参与家庭日常活动。

● 让孩子充分利用视觉和触觉的结合来进行体验，从而发展出完整的概念。例如，与其简单地给孩子的杯子倒满牛奶，不如让孩子从冰箱中取出瓶子，取下盖子，倒好牛奶并将瓶子放回冰箱。

3. 家庭生活和教育中室内活动的注意事项

总体建议

以下关于教室布置、减少视觉混乱以及使用色彩和对比度的各种建议将使教室里所有孩子受益，而不仅仅是视障孩子。不过一些具体建议需要对个别孩子进行适应性观察和实验，包括照明强度、类型和方向，所用材料的类型以及放置的位置。有关儿童视力条件及其如何影响视力水平的具体信息，可咨询眼科护理专家和专为视障儿童教学的老师。

● 通过在座椅靠背上贴一条色彩鲜明的胶带，将该儿童座椅与其他学生的座椅区分开来。

● 使用对比色来区分墙壁和地板。一个宽幅的颜色对比度强的踢脚线也会有所帮助。

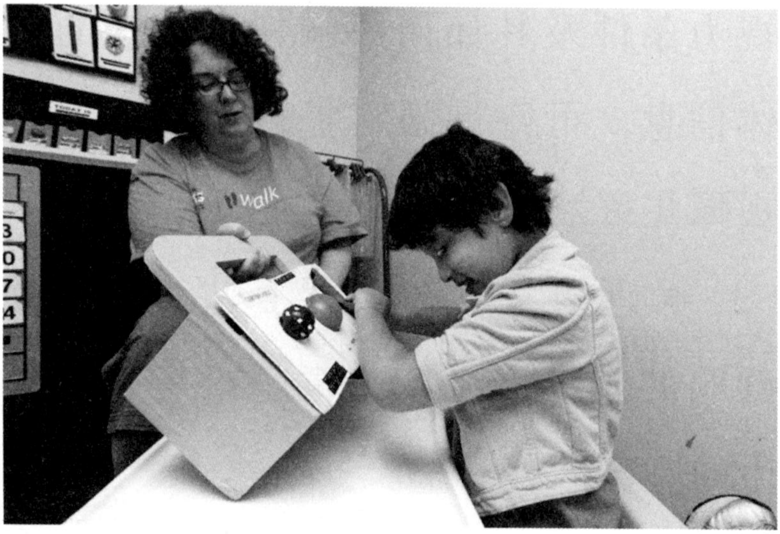

• 用色彩鲜明的边线标记走廊，标示出终点。

• 在窗户上使用遮挡和窗帘来控制一天中不同时间的日照强度，避免眩光。

• 在日常物品上使用颜色鲜明的胶带，使其更显眼，例如在瓶子或杯子上贴上条纹。

• 使用消光涂料消除墙壁等大面积区域的反射。

• 使用变阻器来实现房间中不同的照明强度。

• 在台阶边缘使用色彩鲜明的油漆或胶带。楼梯的顶部和底部台阶可以用色彩对比鲜明的条纹标记。

• 用与墙壁颜色形成对比的开关面板，或用胶带勾勒出开关面板轮廓。

• 选择颜色鲜艳的日常物品，如红色碗、黄色牙刷或色彩艳丽的衣服。

• 保持稳定且整洁的环境，避免视觉混乱。将家具和物品放在固定的地方，并在家具移动时向孩子展示。日常行走的区域不应放置矮小的物品。

- 用不同颜色的墙壁、不同颜色和纹理的地毯或垫子区分房间的不同区域。

- 选择适合儿童身高的书桌和椅子，这可以减少他们颈部和背部的疲劳感。

- 学校建筑内标记洗手间及其路线的标志应与孩子的视线齐平，标志应与背景形成鲜明对比，并且易于从远处定位。标志的位置、大小、颜色和符号应保持一致。

- 门和橱柜处于完全打开或完全关闭的状态。

- 使用没有图案的餐垫和桌布，以尽量减少进餐时的视觉混乱。选择与餐具器皿对比鲜明的桌面材料。

- 可以随时改变餐垫、彩色纸、桌布和毛毡的用途，用来与目标物体形成对比或划定学习区域。

- 保持孩子的学习区整洁。整理材料并教孩子将它们放回恰当的位置。

- 使用台灯和带白炽灯泡的鹅颈灯来调节不同亮度，避免光源直射孩子的眼睛。

- 应避免使用带蓝光的荧光灯照明。更换闪烁的灯泡，在荧光灯上使用滤光片以减少眩光。

- 在印刷页面上使用弱视矫正器（一个黑色页面，带有一个水平槽切口，一次定位一行印刷文字），以减少眩光并找到下一行印刷文字。

- 在教学材料以及儿童书写和绘画中，尝试使用毡头马克笔、钢笔以及软铅铅笔。

- 使用阅读架支撑阅读和写作资料。这将改善姿势，减轻疲劳，并使孩子的眼睛更接近资料。

- 为了缓解颈部和背部疲劳，或作为替代姿势，孩子可以躺在地板上阅读。在这个位置上，孩子的眼睛更靠近页面，他（她）不再俯身阅读资料。

- 尝试用各种图片和不同字体来放大资料。

- 可以在阅读材料和图片上放置彩色滤光片，以增强对比度，减少眩光并缓解眼睛疲劳。滤光片可在剧院照明用品商店购买。

● 注意不要让孩子直面光源，例如看窗户和灯。尝试将孩子的背部或侧面对着光源。

● 尝试从孩子的侧面、不同高度、正面向其展示材料，以确定孩子的最佳视野范围。

● 购买玩具时，要考虑颜色、对比度、图案和小细节的数量。

● 在物体上投射一盏灯，以唤起孩子对它的注意。请注意，孩子可能无法将某个特定物体与混乱复杂的背景区分开来。

关于教室的建议

布 置

• 利用家具、地毯和彩色胶带，划分教室的不同主题区域（例如音乐、学习或加餐区域）。

• 精心安排家具，不要随意放置，并且保持在固定位置。

- 固定好地毯，以免学生被其边缘绊倒。

- 在指定区域内固定材料和玩具的位置。

- 活动结束后，材料放回指定的固定位置。

- 减少教室中的视觉混乱。如果有开放的架子，请用一块纯色布盖住架子，以消除干扰。

照　明

- 在窗户上使用窗帘和百叶窗来控制一天中不同时间的日照水平，避免眩光。

- 使用不会反光的桌面消除头顶

照明的眩光。

● 使用独立照明，如鹅颈灯来聚焦特定任务，教孩子独立调整灯光角度。

● 让学生背对窗户，以减少光线的干扰和不适感。

选择并改造材料

● 在孩子的活动轨迹上使用视觉和触觉符号或标志，作为他们定向或活动的标记。

● 在所有活动中使用对比色，理想的对比色是黑色和白色。

● 避免在工作台面上使用带图案的背景，如方格桌布或华丽的凸纹纸。

● 将彩虹弹簧圈、黑白物体或塑

料片材料等物体错落悬挂在窗户前。

- 运用对比色标示出物体的轮廓。例如，如果孩子由于视力障碍而只能凭触觉玩拼图，请使用黑色马克笔勾勒出拼图的外缘。

- 在开关面板上用对比色描绘出轮廓，以便更容易辨认。

- 使用适于儿童身高的镜子来增强他们的身体意识。

- 用彩色胶带让玩具变得更醒目，以提供更大的对比度。

● 在孩子的椅背上使用统一的视觉和触觉标记，例如一段彩色胶带。如果孩子有用于不同的活动的各式椅子，请在每个椅子上放置相同的标记。

4. 户外活动的注意事项

有时我们会听到老师或家长说“哦！他在学校四处走动没有问题”，或者“她做得很好，在家里不会碰到任何东西”。孩子们在熟悉的地方自如地走动很常见，但换一个新的不熟悉的环境，我们往往会很快观察到，他们感知或理解环境的方式可能存在问题。

总体建议

- 我们很难控制户外设施。对有些孩子来说，与父母或老师一起探索院子或社区的环境，并讨论他们所看到的东西会很有帮助。

- 如果有孩子难以适应光线的突然变化，请考虑使用太阳镜或遮阳帽。切记太阳镜片不能太深，否则会降低孩子的视力。用至少一周的时间让孩子学会有效地使用太阳镜。尝试不同样式的太阳镜——如“夹片式”“滑入式”和有色侧挡板等。

- 预留额外时间，让孩子的眼睛在进入更亮或更暗的区域时进行适应性调整。

● 孩子可能会在处理视觉信息时遇到困难。可能需要更多的时间和恰当的契机来探索和识别物体。

● 环境中的背景音经常被我们忽视。收音机、电视机、儿童嬉闹的声音，割草机和汽车的声音，都可能会分散孩子的注意力。虽然不可能消除这些声响，但要意识到它们可能对孩子的注意力产生影响。

● 一天中不同的时间段，不同的学习量，会导致孩子在完成任务时可能表现得精力充沛或精疲力尽。好好休息，孩子会更容易成功。

● 对于一些孩子来说，长时间进

行视觉活动可能会非常疲劳。视觉疲劳会导致表现水平下降。

- 有些孩子在不熟悉的地方或视力下降时，可能需要学习如何接受视觉上或身体上的引导。对于有夜盲问题的孩子来说也是如此。

- 不要让孩子直视太阳，这可能会对视网膜造成永久性损伤。

户外环境因素

照 明

- 如果可能的话，将主要光源——如白天的阳光或晚上的路灯——置于孩子的后方。这可以减少眩光，并突出照亮孩子正在进入或看向的区域。

- 与孩子交谈时，将灯光置于孩子的后方。这可以防止孩子直视光线并突出说话者的脸。

- 应保证有潜在危险的室外区域光线充足，确保其能见度。室外楼梯或高度变化处应放置特别提示。

- 有些孩子可能希望在晚上随身携带手电筒，方便探索他们的环境。

- 阴影可能会遮挡地面上的障碍物或孔洞，或造成令人困惑的形状。鼓励孩子停下来，放慢脚步探索，或绕开阴影走动。

色彩和对比度

- 用色彩鲜明的，牢固的条纹标记在路缘、台阶或人行横道处，使孩子更容易在视觉上找到这些区域。使用高对比度涂料是一种经济实惠的改变环境的方法，但也要适可而止，过多使用可能会让某块区域看上去纷繁杂乱。
- 操场设施可以涂成醒目的对比色。大型操场可以用色彩来划分不同区域。
- 色彩鲜艳的丝带、绳索或链条可用于标记或隔开危险区域。
- 为了安全起见，让孩子在天黑

后穿浅色或反光的衣服。

● 反复试验以确定户外游戏活动的球或其他玩具的最佳尺寸和颜色。

大小和距离

● 通常只需靠近物体（如路标或商店橱窗），即可更好地看清。

● 在某些情况下，靠近物体查看是不安全或不切实际的，例如公共汽车上的目的地文字。可能需要望远镜或其他光学仪器的辅助。

● 如果孩子有外围视野缩小，他（她）可能需要将物体移远一些才能更好地看到。

● 如果孩子有中央视野损伤，他

（她）可以通过靠近物体来更清楚地看到它。

视 角

• 改变观看物体的角度可以让孩子更容易识别它。通过经常改变视角，孩子可以掌握大小和形状的特征，从而学习识别标志，车辆和人。

动作速度

• 当孩子和物体都静止时，孩子更容易发现和识别物体。首先让孩子停下来扫视并定位静止的物体或地标，例如标志、拐角、交通信号灯或邮箱。接下来进入下一阶段，要求孩子在移动时扫视和定位静止的物体。最困难的是要求孩子移动时扫视、定位、跟踪和识别移动目标。

视觉干扰

- 保持户外区域井井有条，路径清晰，以减少视觉干扰。

5. 将低视力建议融入孩子的交流中

有视力障碍的孩子需要将他（她）的低视力目标融入到他（她）的个人交流中去。加强型交流系统通常用于有双重感官障碍的儿童。如果无法有效使用口语、书写或提示等方式，这一系统提供了替代的交流方法。本节介绍开发加强型交流系统时所需的一些视觉注意事项。有关加强型交流系统的更多信息，请参阅参考文献中列出的出版物。

实物日程盒或日程架系统

在这个系统中，具体实物被用来标示学生的日程。某种功能性和有意义的实物用于标示特定的活动。例如围裙可用于表示工艺活动，勺子可用

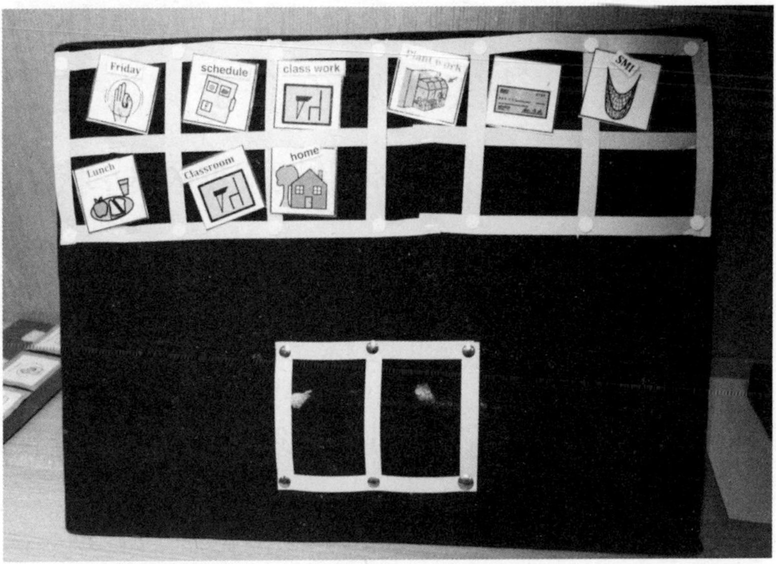

于表示加餐时间。选择鞋盒大小的盒子，将它们挨个放置排成一排，根据当天的日程将实物放置在盒中，在队列的末尾放置一个表示“完成”的盒子。学生往返拿取实物参加活动，完成活动后将实物放入“完成”盒中。然后孩子拿起代表下一个活动的实物继续。

活动组织

- 使用结实的彩色盒子。避免使用带图案的背景。带图案或网格状背景会增加视觉混乱感，使低视力的孩子难以凭视觉找到物体。
- 将盒子放在儿童容易接近的位置，最好是与其视线齐平的位置。

• 盒子要有一定的深度，但也不要太深，以免孩子伸手进去够不到物体。

• 为了帮助孩子将“完成”盒与其他盒子区分开来，它应该更大，并且颜色不同。

• 有些学生可能还需要额外的感官和触觉提示。例如一个盒子底部铺上砂纸，另一个盒子铺上柔软材料，第三个盒子铺上羊毛材料等，来让他们定位和区分盒子和物体。

• 使用彩色背景来帮助孩子区分不同盒子。

• 从左到右排列盒子，培养孩子从左到右做事的习惯。

实 物

● 帮孩子选择具有功能性、激励性并且熟悉的实物。

● 使用适合儿童视力水平的实物。它应够大，以便儿童在盒子中找到；但也要避免过大，以便儿童携带或佩戴。

● 使用与盒子颜色对比度明显的实物。例如，如果盒子是黄色的，请不要使用黄色围裙。

物体的二维影像

语言发育的下一步，需要使用具体实物的照片或图片。可使用 35 毫米

相机拍摄实物日程盒中使用的物体和其他便于儿童追踪的物品。虽然拍立得相机用起来更方便，但在近距离拍摄时，它们可能无法提供足够清晰的图像。请使用物体的平面标识，孩子需要将实物与照片或描摹配对，直到其完全取代实物。

照 片

- 使用 35 毫米相机以获取物体的清晰照片。

• 从孩子易识别、易了解的角度拍摄物体。如果可能的话，照片的大小应该与孩子熟悉的物体实际大小相似。

• 剪除照片中物体以外的背景部分，将剪下的物体影像粘在白色或对比明显的索引卡上，以消除其他无关的信息。

● 使用非光面、清晰的膜纸给照片覆膜。

描 摹

● 将实物放在白色或色彩鲜艳的纸上，使用黑色马克笔进行描摹。鼓励孩子多进行这项活动。

● 使用非光面、清晰的膜纸给描摹好的纸张覆膜。

打 印

● 可以在图片卡或描摹纸上打印文字来区分不同活动。

● 也可使用适合儿童的视力水平的打印字体清晰地书写。

抽象符号

培养孩子交流能力的最佳目标是教会孩子阅读字母、单词和句子。无法阅读的儿童可使用标准化符号来区分名词和动词。梅耶－约翰逊图片[1]是这类符号的一个例子。学生随身携带这些符号，使用交流板或自制手册与他人交流。这些符号是白底黑字或彩色的，可以根据孩子的个人需求放大或缩小尺寸。

---

① 梅耶－约翰逊图片（Mayer–Johnson pictures）：即所谓的“图片交流符号”（PCS），由梅耶－约翰逊发明，用于加强性或替代性交流（AAC）。其包括由彩色和黑白图案组成的7000多个符号，供有表达障碍的人士使用。

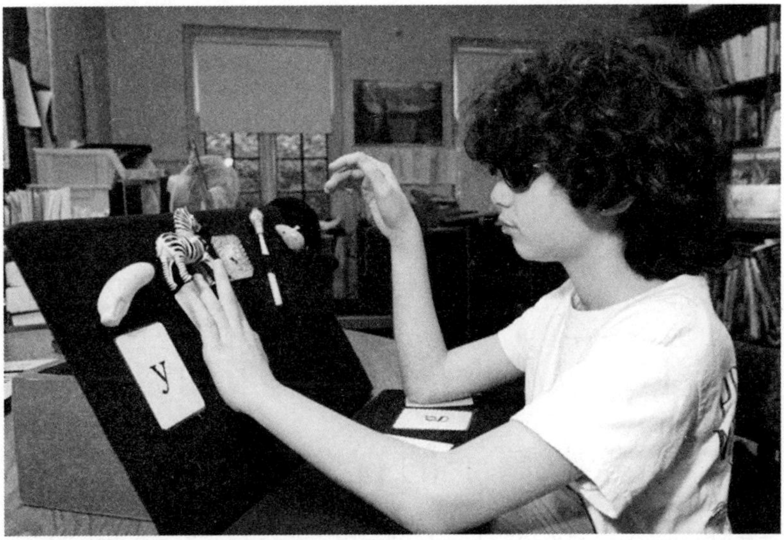

- 恰当地使用符号，避免混淆和杂乱。
- 为避免视觉混乱，应控制放在手册某一页或交流板上的符号数量。
- 使用适当的照明。避免窗户和顶灯的眩光和阴影。
- 避免使用会分散注意力的杂乱背景。

- 为视野缺失的儿童放置材料时，注意选择恰当的位置。
- 使用阅读支架或调整交流板的角度，而不是将其平放在桌面或轮椅托盘上，以减少孩子的紧张和疲劳感。
- 考虑孩子的视觉功能水平，为其选择适当的大小和距离来呈现符号。
- 使用颜色提示勾勒出符号，以区分不同类型。例如，用红色的突出符号表示人物，蓝色的表示地点。

手 语

对有视力障碍的儿童使用手语时，需要考虑许多因素。为了与孩子进行有效的交流，应了解孩子的视力受损和视敏度的程度，以及视野缺失的具体位置及其程度。

- 穿着深色、纯色的衣服，以便为手语提供对比鲜明的背景。

- 减少干扰，避免在使用手语时佩戴过多的首饰。

- 尽可能使用小幅度的手势，而不是大动作，以保证在孩子的有效视野范围内。

- 使孩子背对灯光，这样光线就不会直接照射到孩子的眼睛里。

- 确定儿童视野缺失的位置后再展示手语。

- 注意控制手语的速度。有些孩

子处理感官输入信息的速度比较慢。

● 根据孩子的视力水平，确定手语者和孩子之间的最佳距离。

● 靠近孩子脸部展示手语，或用其他手段保证他（她）同时可以看到面部表情。

● 如果孩子难以理解“在空中”的手语，例如照明条件不足，请在孩子的手中使用触觉符号交流。

参考文献

Bradfield, Anna, and Laurel Tucker. "Visual Performance in the Workplace," *Journal of Vision Rehabilitation 3*(1): 7–17.

Clark, Thomas C., and Elizabeth C. Morgan. *The Insite Model: A Parent Centered, In–home, Sensory Interventive Training and Educational Program.* Washington, D.C.: U.S. Office of Education, 1989.

Corn, Anne L. "Instruction in the Use of Vision for Children and Adults with Low

Vision: A Proposed Program Model," *RE:view*, 21 (Spring 1989): 26–38.

Goetz, Lori, D. Guess, and K. Stremel–Campbell. *Innovative Program Design for Individuals with Dual Sensory Impairments*. Baltimore: Paul H. Brookes Publishing Co., 1987.

Levack, Nancy. *Low Vision: A Resource Guide with Adaptations for Students with Visual Impairments*. Austin: Texas School for the Blind, 1991.

Musselwhite, C. *Adaptive Play for Special Needs Children*. San Diego:College–Hill Press, Inc., 1986.

Scholl, *Geraldine T. (Ed.). Foundations*

of Education for Blind and Visually Handicapped Children and Youth: Theory and Practice. New York: American Foundation for the Blind, 1986.

Sicurella, V. "Color Contrast as an Aid for Visually Impaired Persons," *Journal of Visual Impairment and Blindness. 71* (June 1977): 252–257.